QUESTIONS À LA CON

sans réponses !

Thomas Bisignani

FIRST
Editions

© Éditions First, un département d'Édi8, 2015

ISBN : 978-2-7540-7365-3
Dépôt légal : juin 2015
Imprimé en Italie

Couverture : Olivier Frenot
Mise en page : Graph'im 64

Éditions First, un département d'Édi8
12, avenue d'Italie
75013 Paris – France
Tél. : 01 44 16 09 00
Fax : 01 44 16 09 01
E-mail : firstinfo@efirst.com

Site internet : www.editionsfirst.fr

Un poisson
peut-il avoir soif ?

Le père d'un curé
appelle-t-il son fils
« mon père » ?

Les vampires peuvent-ils se faire du mauvais sang ?

Pourquoi n'y a-t-il pas
de nourriture pour chat
au goût de souris ?

De quelle couleur est
un caméléon quand
il se regarde dans
une glace ?

Pourquoi disons-nous
« merci » au restaurant
quand on nous
apporte l'addition ?

Si un taxi fait
une marche arrière,
est-ce qu'il peut nous
rendre de l'argent ?

Pourquoi
les emballages à
« ouverture facile »
sont-ils les plus
difficiles à ouvrir ?

Pourquoi les moutons
ne rétrécissent-ils
pas quand il pleut ?

Quand les piles
de la télécommande
sont déchargées,
pourquoi appuie-t-on
de plus en plus fort
sur les boutons ?

Pourquoi hausse-t-on les épaules lorsqu'on marche sous la pluie ?

Un végétarien
peut-il avoir
une faim de loup ?

Pourquoi les
Mister Freeze®
à la framboise
sont-ils bleus ?

Un sumo
qui se tient debout
peut-il voir ses pieds ?

Si la Terre est ronde,
pourquoi le kilomètre
est-il carré ?

Un couturier peut-il
donner du fil
à retordre ?

Un chat peut-il être
allergique à ses poils ?

Est-ce que pour être
fort comme un chêne,
il faut d'abord être con
comme un gland ?

Comment s'appelait
le capitaine Crochet
avant de perdre
sa main ?

Comment peut-on se débarrasser d'un vieux boomerang ?

Si l'amour nous tourne
le dos, peut-on lui
toucher les fesses ?

Peut-on passer
un sale quart d'heure
en cinq minutes ?

Les employés
de Nespresso®
prennent-ils
des pauses-café ?

Comment le conducteur du chasse-neige va-t-il au boulot ?

Si on crie
« Bande de cons »
dans la rue, pourquoi
tout le monde se
retourne-t-il ?

Un kamikaze peut-il
éclater de rire ?

Quand on voit écrit
sur une pancarte
« peinture fraîche »,
pourquoi ne peut-on
pas s'empêcher de
toucher pour vérifier ?

Pourquoi le chou rouge est-il violet ?

Un serpent venimeux
peut-il mourir en
se mordant ?

Pourquoi les sociétés anonymes ont-elles un nom ?

Si quelqu'un nous prête son attention, est-ce qu'on doit la lui rendre ?

Les poissons peuvent-ils nager en arrière ?

Pourquoi n'appelle-t-on pas les bébés poissons-chats des « poissons-chatons » ?

Si un chien court trop vite, peut-il se prendre une gamelle ?

Que se passe-t-il si
on met un poisson
dans de l'eau
gazeuse ?

Un démineur
peut-il travailler
d'arrache-pied ?

Comment font
les mouches pour
faire leurs besoins
au plafond en étant
à l'envers ?

Si la foudre tombe
sur un champ de
maïs, est-ce que ça
fait des pop-corns ?

Le requin marteau
a-t-il déjà planté
un clou ?

L'homme invisible
peut-il avoir
un frère jumeau ?

Pourquoi les touristes chinois achètent-ils des tours Eiffel à Paris alors qu'elles sont fabriquées chez eux à moindre coût ?

Peut-on avoir
confiance en un
coiffeur chauve ?

Les daltoniens
peuvent-ils jouer
au Rubik's Cube® ?

Pourquoi s'embête-t-on
à refaire son lit
le matin alors qu'on
le défait le soir ?

Qu'est-ce que
les moutons comptent
pour s'endormir ?

Une employée de
Pampers® peut-elle
se faire licencier pour
fausse couche ?

Pourquoi
les poulets Loué®
sont-ils à vendre ?

Peut-on parler
le verlan en anglais ?

Est-ce que quelqu'un
s'est déjà assis sur
un banc de poissons ?

Quand une voiture roule, est-ce que l'air à l'intérieur des pneus tourne ?

Est-ce que c'est
en se plantant qu'on
devient cultivé ?

Un pinailleur est-il
un mari infidèle ?

Que pensent
les pingouins quand ils
nous voient marcher ?

Peut-on parler
de religion dans
un bar à thé ?

Quel est le
record du monde
de moutons comptés
pour s'endormir ?

Pourquoi les poissons relâchés par les pêcheurs ne préviennent-ils pas les autres poissons qu'il ne faut pas mordre à l'hameçon ?

Est-ce que les pattes
de lapin portent
chance aux lapins ?

Pourquoi nos genoux
se plient-ils vers
l'avant et pas vers
l'arrière ?

Qui a décidé qu'il
ne fallait jamais
dire jamais ?

Un pétomane
kamikaze peut-il
se faire exploser
sur une gazinière ?

Les championnes
du monde de curling
aime-elles faire
le ménage ?

Pourquoi les écouteurs
s'emmêlent-ils
tout le temps ?

Avec toutes les dents
qu'elle a récoltées,
la petite souris fait-elle
un trafic d'organes ?

Peut-on se vanter d'être modeste ?

Les chauves
se lavent-ils la tête
avec du gel douche ?

Le fruit du hasard est-il comestible ?

Pourquoi les animaux
ne peuvent-ils
pas sourire ?

Pourquoi dans la boîte à gants d'une voiture trouve-t-on de tout sauf des gants ?

Peut-on retourner
un compliment
en verlan ?

Des amoureux
peuvent-ils se blesser
avec un coup de pelle ?

Sur quel continent se trouve l'état d'ébriété ?

Est-ce que fleuriste
est un métier
qui sent le sapin ?

Quel est le coût
de fabrication
d'une pièce de
1 centime d'euro ?

Combien de temps met une girafe pour avaler une gorgée ?

Est-ce que le Père Noël
avait des cadeaux
quand il était petit ?

Peut-on avoir la phobie
d'avoir peur ?

La tour de Pise penche-t-elle vers la droite ou vers la gauche ?

Pourquoi la plupart
des livres de poche
ne tiennent-ils pas
dans les poches ?

Pourquoi les voyantes ne jouent-elles pas au Loto ?

Pourquoi
les photos sont-elles
rectangulaires
alors qu'un objectif
d'appareil photo
est rond ?

Les œufs brouillés
peuvent-ils
se réconcilier ?

Si la foudre tombe
sur un poisson,
est-ce qu'il devient
un poisson pané ?

Peut-on traiter
un pilote de formule 1
de pilote du
dimanche ?

Pourquoi les pets sans son font-ils plus de dégâts que les pets bruyants ?

Si un dromadaire
se cogne, est-ce qu'il
devient un chameau ?

Qui a tué
la mer Morte ?

Pourquoi les ballerines
marchent-elles
toujours sur la
pointe des pieds ?

Pourquoi y a-t-il
beaucoup plus
de droitiers que
de gauchers ?

Pourquoi
le mot *phonétique*
ne s'écrit-il pas
avec un *f* ?

Peut-on finir un crayon
de bois entièrement ?

Peut-on finir
une gomme ?

Peut-on faire du fromage avec du lait maternel ?

Un menuisier
peut-il avoir une
langue de bois ?

Peut-on congeler
un pingouin ?

Un détenu peut-il
tomber malade
en s'évadant de la
prison de la Santé ?

Pourquoi ne voit-on jamais d'Indiens dans les files indiennes ?

Pourquoi le Père Noël est-il gros et rouge alors qu'il est censé être discret ?

Combien faut-il
manger de
Mon Chéri® pour
être contrôlé positif
à un Alcootest® ?

Pourquoi les Simpson
n'ont-ils que
quatre doigts ?

Les gens constipés
sont-ils les plus
chiants ?

Pourra-t-on un jour
inventer le pommeau
de douche sans fil ?

Par quel moyen
de communication
le bâillement
se transmet-il ?

Pourquoi prononce-t-on
FBI à l'anglaise
et CIA à la française ?

Est-ce que le suppositoire est une invention qui restera dans les annales ?

Pour une affaire
de contrebande
de carrelage,
le parquet doit-il
se retirer ?

Combien de mouvements d'inspiration/expiration peut-on faire en une année ?

Pourquoi la chirurgie
esthétique coûte-t-elle
la peau des fesses ?

Pourquoi les fientes d'oiseaux sont-elles noires sur les voitures blanches et blanches sur les voitures noires ?

Si on achète un chien
à l'étranger, est-ce
qu'il aura un accent
quand il va aboyer ?

Si on lave du linge blanc et qu'on obtient un résultat plus blanc que blanc, est-ce qu'il est transparent ?

Un couple de sourds
peut-il bien
s'entendre ?

Peut-on se souvenir d'oublier quelque chose ?

Une vache qui ferme ses yeux peut-elle faire du lait concentré ?

Pourquoi aux
jeux vidéo y a-t-il
des gens qui tournent
leur manette dans
les virages ?

Pourquoi, quand
on ouvre une boîte
de médicaments,
est-ce toujours du
côté de la notice ?

Pourquoi
se réveille-t-on
cinq minutes avant
que le réveil sonne ?

Peut-on donner
un pot-de-vin à
un alcoolique ?

Les bébés japonais
mangent-ils du riz
avec des cure-dents ?

Si on met une poule
dans un sauna,
est-ce qu'elle va
pondre des œufs durs ?

Pourquoi les points
de suspension
sont-ils trois ?

Si l'eau n'est pas corrosive, pourquoi une goutte suffit-elle pour troubler le Ricard® ?

Est-ce que le taux de natalité est plus élevé que la moyenne dans la ville de Bezons ?

Si on mange
un hamburger dans
chaque main, est-ce
un régime équilibré ?

Un pétomane peut-il gagner une médaille de bronze ?

Quand on est assis sur la pelouse, pourquoi ne peut-on pas s'empêcher d'arracher quelques brins d'herbe ?

Pourquoi l'expression
« Un de perdu,
dix de retrouvés »
ne marche-t-elle que
pour les kilos ?

Si tout le monde veut
sauver la planète,
pourquoi personne
ne veut-il descendre
les poubelles ?

Si une femme met un soutien-gorge Disney®, est-ce qu'elle aura des seins animés ?

Pourquoi
les soutiens-gorge
ne s'appellent-ils pas
des soutiens-seins ?

Pourquoi,
quand on passe
des nuits blanches,
a-t-on souvent des
idées noires ?

Pourquoi un procès-verbal se fait-il toujours par écrit ?

Pourquoi prend-on
tant de plaisir
à éclater les bulles
du papier à bulles ?

En cas de guerre mondiale, peut-on fuir à l'étranger ?

Si un chien avale de l'hélium, est-ce qu'il va aboyer comme un canard ?

Peut-on porter
un nœud pape
au Vatican ?

Si les femmes posaient moins de questions, est-ce que les hommes mentiraient moins ?

Si on arrive en
retard à un entretien
d'embauche à la
SNCF, est-ce qu'on
marque des points ?

Si l'amour
rend aveugle,
est-ce que le mariage
rend la vue ?

Les phoques
peuvent-ils
communiquer
en morse ?

Les aveugles ont-ils
peur du noir ?

Est-ce qu'on doit remettre à demain ce qu'on peut faire après-demain ?

Les fourmis ouvrières
sont-elles aux
35 heures ?

Un chirurgien
esthétique croise-t-il
souvent des faux-culs ?

Le Wi-Fi a-t-il été
inventé pendant
un pétage de câble ?

Pourquoi dit-on
un cache-nez et pas
un cache-cou ?

Pourquoi le pointeur de la souris des ordinateurs pointe-t-il vers la gauche et pas vers la droite ?

Un végétarien
raconte-t-il
des salades ?

Si une actrice porno tombe enceinte, est-ce un accident de travail ?

Comment peut-on
tracer un cercle
vicieux ?

Pour fêter
son anniversaire,
un kamikaze
organise-t-il
une boom ?

Si tous les chemins mènent à Rome, comment fait-on pour aller à Milan ?

Combien mesure
le plus grand nain
du monde ?

Quand on a un bleu,
pourquoi ne peut-on
pas s'empêcher
d'appuyer dessus pour
voir si ça fait mal ?

Peut-on croiser un gendarme mobile dans une maison d'arrêt ?

Quel est le synonyme
du mot *synonyme* ?

Les daltoniens
voient-ils
clair ou foncé ?

Pourquoi
les biscuits BN
sourient-ils alors qu'ils
vont se faire manger ?

Un escargot peut-il
être hyperactif ?